ESCRIBE, PUBLICA Y VENDE

Los Mejores Tips, Ideas y Secretos para Crear un Negocio Digital de Autopublicación Rentable en Amazon

MANUEL DE LA CRUZ

© Manuel de la Cruz, 2020

ISBN: 9798332608315
Independently published

Sin limitaciones de los derechos reservados arriba, ninguna parte de este libro puede ser reproducida en cualquier forma o por cualquier método electrónico o mecánico, incluyendo sistemas de almacenamiento y recuperación de la información, ni sin el permiso por escrito del autor.

Este libro está diseñado para proporcionar información y motivación para nuestros lectores. Se vende con el bien entendido de que el autor no se dedica a prestar ningún tipo de consejo psicológico, legal o ningún otro tipo de asesoramiento profesional. El contenido de cada capítulo es la sola expresión y opinión de su autor.

DEDICATORIA

Dedicado a quienes piensan diferente
y ven una oportunidad,
donde otros ven solo un problema.

CONTENIDO

LA GRAN OPORTUNIDAD 7
    EXPERTO 8
    MI OBJETIVO 8
    A UN PASO 10
MIS COMIENZOS 11
    DOS NACIMIENTOS 12
    MI ÚNICO CONSEJO 13
    RETROALIMENTACIÓN 13
MENTALIDAD DE ESCRITOR(A) (AUTOR(A)) 15
    ¿QUÉ PUBLICAR? 16
    MÁS LIBROS 17
MENTALIDAD DE EMPRENDEDOR(A) (INVERSIONISTA) .. 19
    EL PRODUCTO 20
    RESUMEN 22
UN LAGO - ¿CÓMO FUNCIONA? 23
    THE SHOTGUN APPROACH 24
    ENFOQUE – CONSTRUIR UN NEGOCIO 25
ELIMINAR EL PARADIGMA – PREGUNTAS FRECUENTES .. 27
    ¿Es difícil autopublicar? 27
    ¿Cuánto tardará mi libro en publicarse? 28
    ¿Qué pasa si deseo editar mi libro una vez que se ha publicado? 28
    ¿Cuánto tiempo tardaré en obtener ganancias? 29
    ¿Cómo voy a recibir mis pagos? 29
    ¿Qué es KDP Select o Kindle Unlimited? 30
    ¿A qué precio debo publicar mi libro? 31
    ¿Cuántas páginas debería tener mi libro? 31
    ¿Tengo que registrar mi libro (derechos de autor)? 32
    En cuanto a este negocio, ¿Cuál es la tendencia actual? . 33
    ¿Hay alguna razón por la que Amazon (KDP) podría cerrar mi

cuenta?	33
¿Cuáles serían los 3 consejos principales que le darías a alguien que recién inicia?	34
GIR – GUÍA DE INICIO RÁPIDO	**36**
1. ¿QUÉ PUBLICAR? ANALIZAR LA DEMANDA	37
2. EL TÍTULO Y SUBTÍTULO – USAR PALABRAS CLAVE	39
3. ESCRIBIR	40
4. DELEGAR	42
5. PORTADAS QUE VENDEN	44
6. DESCRIPCIÓN QUE ENGANCHA	48
7. PUBLICACIÓN	51
8. PRECIO Y PROMOCIÓN GRATUITA	52
9. REVIEWS Y CALIFICACIONES	54
10. DUPLICA EL MODELO	57
PALABRAS FINALES Y CONTACTO	**58**
CONTACTO	59
ACERCA DEL AUTOR	**61**
OTROS LIBROS POR MANUEL DE LA CRUZ	**63**

ESCRIBE, PUBLICA Y VENDE

LA GRAN OPORTUNIDAD

Hola. Soy Manuel de la Cruz, y no sabes el gusto que me da escribir este libro, con el fin de ayudar a miles de emprendedores, escritores, y autores, a comenzar con su negocio online de autopublicación.

Ahora bien, ¿por qué razón escribo un libro sobre este tema? Pues, lo hago, debido a la gran demanda de lectores y amigos que me han preguntado sobre cómo autopublicar libros digitales online.

Al momento de estar editando este libro, 2024, he cumplido ya 7 años desde que comencé en el negocio de la autopublicación, y hoy me doy cuenta que este es uno de los negocios más rentables que existen, a la hora de generar ingresos pasivos en línea, y, lo mejor de todo, desde casa, mientras uno puede tener libertad de tiempo, y de dinero.

EXPERTO

Quizás te preguntes, ¿realmente debo leer este libro? Mi respuesta es, sin lugar a dudas, sí. Una de mis fortalezas, o quizás, la más desarrollada, es que soy un facilitador de información. Sé cómo explicar conceptos, que, para algunas personas, son complicados y difíciles de comprender. Sin embargo, yo me deleito con la claridad. Como en la mayor parte de mis libros, utilizo un lenguaje sencillo y directo, tal y como si estuviéramos teniendo una charla, uno a uno.

Esto es algo que mis lectores me han agradecido bastante. Ya que, entiendo que, cuando uno compra un libro, tiene total interés en leerlo, sin embargo, cuando se abre el libro, uno observa la portada, comienza a hojearlo, pasa la introducción, quizás el primer capítulo, y uno pierde el enfoque o se desconcentra muy a menudo, si el libro no capta el interés total del lector.

Este no será un problema con este libro. Este es un libro, que, si tú lo deseas, lo puedes concluir en una misma tarde, si cuentas con el tiempo disponible.

Deseo explicarte, paso a paso, la mentalidad, estrategias, y herramientas que a mí me han servido, y me han logrado posicionar como un autor de libros de no ficción en el mercado en español. Prácticamente, todos los días obtengo ingresos de mi negocio de libros digitales, a través de la tienda más grande del mundo: Amazon, por medio de Kindle Direct Publishing o KDP.

MI OBJETIVO

Cuando yo deseaba comenzar a escribir, hace ya varios años, descargué, quizás, al igual que tú, algunos libros sobre el tema de autopublicación.

Algunos fueron sencillos de comprender, algunos no, sin embargo, en este momento, tienes mi libro, mi experiencia, y mi sincero objetivo de que aprendas todo lo que necesitas para comenzar tu propio negocio, con lo que he proporcionado en los siguientes capítulos.

Tienes en tus manos, mi experiencia. Información, sobre el tema de autopublicación, la encontrarás por todo el internet, pero, lo que nadie puede replicar, es mi propia manera de ver las cosas.

Te entregaré absolutamente todo lo que sé, y que, no tengo dudas, de que funciona. Esto es actual, y nada me dará más gusto, que saber, que, en pocos días, vas a comenzar a generar ingresos en línea, con este negocio, al igual que yo.

Esto, no lo digo por nada, lo menciono porque ya lo he visto, en algunas de las personas, a las cuales, he introducido en el negocio de autopublicación.

Una de ellas es Lourdes, de España, una gran amiga emprendedora. En una plática que tuvimos me comentó que había escrito un libro, varios meses atrás. Cuando le expliqué del negocio de la autopublicación, ella se mostró interesada y entusiasmada, puesto que no sabía cuán fácil era publicar un libro en Kindle de Amazon. Una semana después, ya tenía su libro autopublicado, listo para generar ingresos usando las debidas estrategias y modelo.

Brian, otro amigo y compañero de trabajo, es un joven que, debido a haber padecido un problema de ansiedad, desde hace varios años, ha investigado sobre el tema más que cualquier otra persona que conozco. Es por eso que, cuando le platiqué del negocio de la autopublicación, se vio interesado en escribir un libro sobre su vida con ansiedad, y cómo superarla. Lo hizo, y en 10 días, después de platicar, ya tenía su primer libro en línea, y, cuán grande fue su sorpresa, al ver que, personas de países como México, Brasil, Francia, Estados Unidos, y España, ya han comenzado a adquirir y leer su libro.

Como estos ejemplos, hay muchos, pero, lo primero que debe elevarse, es la mentalidad. El mundo ha cambiado y tú puedes comenzar tu negocio de autopublicación, en el menor tiempo posible. Puedes comenzar y tener extraordinarios resultados, usando la información que aprenderás el día de hoy.

A UN PASO

Cuenta con mi apoyo durante este trayecto. No dudes en contactarme, si así lo requieres, a manueldelacruzescalante@gmail.com. Siempre, sin excusas, respondo a mis lectores, en el menor tiempo posible.

Además, te pido un favor. Sé que obtendrás respuesta a muchas preguntas, al leer este libro. Sé que podrás tener claridad y sabrás exactamente cómo comenzar. Así que, al terminar de leer, te agradezco que me dejes tu calificación y comentario, en la página de Amazon, donde has descargado este libro. Servirá a otros lectores y personas, que, al igual que tú, desean obtener información relevante respecto a este maravilloso tema.

Sin más, adentrémonos a **Escribe, Publica y Gana.**

Manuel de la Cruz

MIS COMIENZOS

Comenzaré este libro describiendo un poco mi experiencia. Realmente, deseo que aprendas de ella. No hay nada más valioso que aprender de lo que otras personas han hecho, y que funciona, o no. Por eso te invito a que leas detenidamente y disfrutes de esta lectura.

Quiero que esto sea grabado en tu mente: Autopublicar es muy sencillo. Amazon brinda las herramientas y el sistema para que, en el menor tiempo posible, puedas tener tu libro, autopublicado, y listo para venderse, a nivel mundial.

Cuando yo comencé, en noviembre del año 2016, realmente no sabía mucho. Al igual, no conocía a nadie, directamente, que estuviera involucrado en este negocio.

Recuerdo que, avanzando poco a poco, logré publicar 2 libros, ambos en noviembre de ese año. Sin esperar mucho de esto, lo dejé. Simplemente, pasaron días, y como no vi resultados, me concentré en hacer otras cosas, ajenas a la autopublicación.

DOS NACIMIENTOS

El día 3 de enero, del año 2017, es un día que jamás olvidaré. Estaba sentado, en la sala de espera, de un hospital, ya que mi esposa Rebeca, estaba dando a luz a nuestra hija, Victoria.

Recuerdo estar sentado, leyendo, en mi celular. Era temprano, y abrí mi navegador. Revisé algunas páginas, y luego, por curiosidad, abrí mi página de autor de Kindle Direct Publishing.

Cuan grande fue mi sorpresa, al ver que, había tenido ventas, en los libros que había publicado, 2 meses atrás.

Ver esas ventas, aunque no eran demasiadas, fue como si algo naciera dentro de mí. Una oportunidad. No simplemente creía, ahora sabía que era posible autopublicar mis propios libros, y generar ingresos pasivos, gracias al sistema de KDP.

Por eso lo llamo, dos nacimientos. El nacimiento de mi hija, y el nacimiento de mi negocio digital.

Después de esta experiencia, por cierto, decidí seguir publicando. Recuerdo que, para el mes de marzo del año 2017, publiqué mi libro Cómo Vender sin Vender, el cual, desde abril, se convertiría en un Best Seller en Amazon México, en su categoría de Negocios e Inversiones.

Seguí escribiendo, ese mismo año, y logré publicar, al menos, 6 libros. Lo que siguió, es que, me detuve. Realmente, me encontré en un sitio cómodo. Tenía, aparte de KDP, otro negocio online, que me daba muy buenos ingresos, y, por esta razón, no dediqué mi total atención a la autopublicación.

Esto ha significado, para mí, un groso error. No pasa nada, sé que de los errores se aprende, pero, quiero que comprendas que este negocio, crecerá a medida que le prestes tu atención y esfuerzo.

MI ÚNICO CONSEJO

Tengo un único consejo, para ti, que estás tomando el tiempo para leer estas palabras. No hay límites en cuanto a los libros que puedes publicar, ya sea escritos por ti, o que delegues ese trabajo a otras personas. Kindle te da la oportunidad de publicar tantos libros como desees, y, si son libros que se rigen por las pautas, es decir, que cubren una necesidad y demanda, se convertirán en una fuente de ingresos sencilla y segura, que cada mes podrás disfrutar.

Por eso, te aconsejo que eleves alto tu estándar. Esto, no lo hice, en un principio. Dudé mucho de mí mismo, y de mi capacidad, y esto fue el mayor freno que me detuvo. No caigas en la misma trampa. Las posibilidades, con la autopublicación, son increíbles e ilimitadas.

Todos los días. Recuérdalo, todos los días puedes tener ingresos con KDP. No importa si estás comenzando, empieza con tu mente dispuesta a permanecer activa en este negocio.

RETROALIMENTACIÓN

Al mismo tiempo, a medida que comiences a publicar, te irá diciendo lo qué necesitas hacer, a fin de ganar y generar cada vez más y más. Sin embargo, como te digo, mi consejo es que tomes este negocio y oportunidad muy en serio. De otra manera, lo que te quiero decir es que te concentres únicamente en la autopublicación.

Un gran mentor dijo que cuando él conoció esta oportunidad, se dijo así mismo:

> **"Si un libro me puede dar 50–200 dólares al mes, entonces voy a publicar libros, hasta que el dinero no sea un problema en mi vida."**

Pensemos de esta manera. A él le ha funcionado, y ahora, el dinero no es problema en su vida. El negocio de autopublicación es ilimitado. Lo reitero, porque deseo que veas el potencial de esta oportunidad, la cual, ahora, tú podrás iniciar o crecer.

Voy a comenzar, hablándote de mentalidad. En este momento, tú mismo tienes una idea de lo que quieres hacer, con respecto a lo que te estoy platicando, sin embargo, quiero que conozcas, de cerca, las dos mentalidades que existen a la hora de tomar acción y realizar la autopublicación.

Te adelanto que, cualquiera de las dos mentalidades es buena. Solo que, la segunda, es donde se encuentra un potencial de ingresos más alto, que la primera. Pero, en igual instancia, si a ti te gusta escribir, vas a encontrar excelentes resultados gracias a lo sencillo que es vender con Kindle Direct Publishing.

MENTALIDAD DE ESCRITOR(A) (AUTOR(A))

Vamos a comenzar a hablar de la mentalidad de autor. Es decir, vamos a analizar el potencial que existe, si eres alguien como yo, que disfrutamos de escribir, y crear nuestros propios libros.

Una de las ventajas, de tener tu propio libro, para publicar, es que no necesitas tener dinero para comenzar. Realmente, lo digo, porque yo, en un inicio, no invertí dinero para este negocio.

Comencé a publicar, y no fue, sino hasta el cuarto mes, que invertí unos pocos dólares, en un muy buen curso de autopublicación. El curso costaba 100 dólares, sin embargo, estaba la opción de pagar una cantidad menor, si uno deseaba revisar el contenido, por 1 semana.

Lo hice, y aprendí bastante. Aprendí aspectos del negocio, como:

- Cómo encontrar nichos rentables
- Cómo escribir descripciones que vendan

- Cómo establecer metas con KDP
- Cómo hacer crecer mi negocio
- Etc.

Realmente, puedo decir, que, después de esa pequeña inversión, mis ganancias aumentaron en un 70%.

Sin embargo, como te digo, no necesitas hacer mayores inversiones, si comienzas recién en este negocio y eres tú mismo un escritor o escritora. Además, lo principal de lo que aprendí en ese curso, lo voy a compartir contigo, en este libro.

¿QUÉ PUBLICAR?

Como yo soy escritor, realmente pienso bastante y tengo ideas de libros la mayor parte del tiempo. Esto no es malo, de antemano. Sin embargo, para el negocio de la autopublicación, sí es necesario que consideres que, decidir qué publicar, si conlleva un proceso.

Lo primero que te aconsejo, es que te relajes. Esta oportunidad no se va a desvanecer, sino que sigue tomando más y más fuerza.

La fórmula para generar mayores ingresos, es que, primero hagas una investigación de nichos y demanda, antes, siquiera, de abrir tu documento para escribir.

Pero, como te digo, no hay por qué subestimar lo que tú sabes y que quieres compartir. Cuando empecé, supe cuál era la fórmula para obtener mayores ingresos, sin embargo, hice lo contrario.

Ahora bien, ¿por qué hice algo diferente a la fórmula? Es decir, ¿por qué no investigué primero la demanda, para saber si era probable vender mis libros? Primero que nada, porque soy escritor, y tenía en mente varios libros, que deseaba escribir, yo mismo.

Así que no me quedé con las ganas, y decidí, en primera instancia, publicar y escribir mis libros, de acuerdo a las cosas que deseaba compartir con otras personas, en el campo de la no ficción.

Lo hice, y, la verdad, no me arrepiento. Algunos de esos libros, que publiqué en ese entonces, no venden como me gustaría, pero, no pasa nada. Simplemente, seguí mi intuición, y no hay nada mejor que disfrutar lo que uno escribe.

Ahora bien, si tomas este mismo camino, en un inicio, permíteme decirte que, el proceso de generar ingresos altos, posiblemente sea más lento. Pero, como te digo, tendrás el tiempo para ir aprendiendo, según tus lectores te lo vayan retroalimentando.

Solo quiero que disfrutes el proceso. La fórmula es sencilla, y sigue vigente, desde hace años, y por algo funciona. Primero investigamos qué es lo que está comprando la gente, y luego, buscamos crear algo similar, pero mejorado, para tener mayores ventas, lo antes posible, pero, de esto, hablaremos en el segundo tipo de mentalidad, a la hora de tomar acción con KDP.

MÁS LIBROS

Ahora bien, si, tal y como yo, eres un autor, que jamás has aparecido en televisión, y que no cuentas con una página de Facebook o Canal de YouTube con millones de seguidores, entonces, nuestra estrategia debe ser: Publicar, Publicar, y seguir publicando. Como lo dije anteriormente, la manera de pensar, debe ser la siguiente:

"Si un libro me puede dar 50-200 dólares al mes, entonces voy a publicar libros, hasta que el dinero no sea un problema en mi vida."

La consistencia y hábitos en la autopublicación de libros, será la clave para que logres más y mejores ingresos.

Habrá libros que venderán, otros no, sin embargo, la estrategia deberá ser siempre la misma, sigue escribiendo, sigue autopublicando.

MENTALIDAD DE EMPRENDEDOR(A) (INVERSIONISTA)

Realmente, este modelo de negocio, se lleva muy bien, con quien puede invertir, en un inicio, o tiempo después, en el debido tiempo cuando ya has generado algún dinero con KDP.

Existimos quienes escribimos, y quienes no, pero, en última instancia, todos cabemos en el negocio digital de la autopubliación. Te voy a explicar por qué es que pienso esto.

EL PRODUCTO

Pensemos, por un momento, en una tienda de autoservicio, como el súper, por así decirlo. Conozco una tienda, que, más que vender los productos de otras marcas, ha logrado crear su propia marca, para generar competencia y muchos más ingresos, que si solo vendiera lo que le compra a otros distribuidores.

Por ejemplo, pensemos en un producto en específico. Una barra de chocolate. Si, después de analizar el comportamiento de los clientes, sé que, si coloco barras de chocolate, de varias marcas, en la línea de cajas, cuando el cliente está por pagar, entonces, lo que puedo hacer, es mandar a hacer mi propia barra de chocolate, con mi propia marca, y la coloco justo al lado de las otras marcas, que ya venden, por grandes cantidades. Las probabilidades, de que mi barra de chocolate se venda, son grandes, ya que, me estoy basando en que, este producto está bien ubicado, y ya está generando ingresos, debido a que, el producto en sí, vende bien.

Esta es la manera en que piensa un emprendedor o inversionista. No crear por crear. Primero aprendo del cliente, conozco sus necesidades, sé qué es lo que compra, y entonces, busco crear ese producto o libro, que sé que va a adquirir.

Esto es lo que hace de este negocio algo altamente rentable. Tú puedes, hoy mismo, entrar a Amazon.com o Amazon.com.mx, depende del país en que te encuentres, y podrás ver, en la categoría de Tienda Kindle, qué libros se están vendiendo bien.

Puedes ver sus descripciones, puedes analizar sus portadas, incluso, puedes leer los comentarios, calificaciones o reviews de los clientes, que ya han comprado ese libro, tanto positivos, como negativos, y, por ende, aprender al respecto, sobre qué podrías mejorar, tú mismo(a).

Más adelante, en la **Guía de Inicio Rápido**, voy a extenderme un poco más, sobre este tema. Lo que quiero que sepas, es que, puedes optar por iniciar en este negocio, con una de estas dos mentalidades, o, como yo lo he hecho, que es, combinándolas.

Primero analizo, conozco nichos, y demandas, y luego escribo.

Como te digo, no hay errores, solo aprendizaje, porque, si, sabiendo esto, decides publicar tu propio contenido o conocimiento, sin hacer un trabajo de investigación, con anterioridad, entonces, no te sorprendas, si tu libro no se vende, como te gustaría.

No quiero ser cruel o pesimista con esto. Lo que deseo, es que tu curva de aprendizaje se acorte, y puedas estar mejor capacitado(a) que yo, para iniciar y tener éxito en tu negocio de autopublicación, lo antes posible.

Ahora bien, si tú no eres escritor o escritora, y aun así deseas lograr construir un buen negocio online, es totalmente posible, y más que posible, rentable.

Conozco a un amigo, que no escribe, pero tiene dinero. Conoció la oportunidad, y vio el potencial. Entonces, fue como, comenzó a investigar y a conocer plataformas, donde diversos escritores y diseñadores creativos, venden sus servicios.

Este emprendedor, me comentó que, invirtió 1200 dólares, para comprar 20 diferentes libros pequeños de no ficción. Los libros, divididos en 4 categorías distintas, para probar el alcance y ventas, fueron publicados en un solo día.

En solo 7 días, después de publicarlos, ya le habían generado 350 dólares. Para este momento, que ya han pasado más de 4 semanas, es muy probable que ya logró recuperar su inversión, y, de ahora en adelante, todo lo que viene solo es ganancia.

¿Logras ver la oportunidad de este modelo o mentalidad? No se requiere de mucha lógica para saber que es posible ganar dinero, si haces el trabajo. El trabajo consiste en primero, analizar qué se está vendiendo, y luego en crear algún producto de calidad, similar, para ofrecerlo, en esa misma categoría, y luego, duplico y multiplico el proceso.

RESUMEN

Ya sea que, por el momento, pienses como autor o como emprendedor, está bien. Mi objetivo, es abrir tu panorama, y ayudarte a tomar las decisiones concretas, para que inicies con gran determinación en este negocio.

Espero tengas una idea más clara sobre cómo es que funciona este negocio, sin embargo, en el próximo capítulo, ahondaremos más sobre esto.

UN LAGO - ¿CÓMO FUNCIONA?

Te voy a platicar algo que me comentó un mentor. Quiero que imagines que Amazon es como un gran lago, y los millones de clientes que Amazon tiene, son como peces, nadando a través del lago, buscando qué comprar, con sus tarjetas de crédito o débito, previamente capturadas y listas para "Comprar en 1-Click".

A este lago, llegan, cada día, muchos pescadores. Es decir, hay quienes, saben que los peces (Clientes – Dinero) están ahí, solo es cuestión de tiempo, para encontrar un lugar indicado, a fin de conseguir peces.

La gran mayoría de los pescadores, o autopublicadores, llegan, y lanzan una sola caña de pescar, a la orilla. Luego, esperan, y como puede que no obtengan mayores resultados, dejan la caña, y se retiran.

Tal y como me pasó a mí, regresé, de nuevo, 2 meses después, para darme cuenta que había obtenido algunos clientes, por los 2 libros que había publicado, meses atrás.

Fue entonces que decidí tirar otra caña (publicar otro libro). Este libro, lo lancé en el área de las ventas, y, de inmediato, comenzó a captar clientes por decenas. Como yo mismo me di cuenta de que en esta categoría había bastantes peces, lo que hice fue pescar a profundidad.

Es decir, lancé más libros, relacionados al tema de ventas. Como, por ejemplo, emprender, negocios, persuasión, mentores, etc. La estrategia funcionó, y hoy día, después de 2 años y medio que lancé estos libros, me siguen generando ingresos, mes con mes.

Ahora bien, lo maravilloso de este negocio, es que no tienes porqué conformarte. Puedes lanzar cuantas cañas de pescar desees (libros). Y, entre más lances, más peces lograrás captar, y más dinero llegará a tus cuentas de banco.

THE SHOTGUN APPROACH

The Shotgun Approach funcionó bastante en el pasado. Es el método que consiste en publicar distintos libros, en diferentes nichos o categorías. Es decir, tirarle a todo lo que se mueva. Lanzas una caña aquí, otra allá, y otras dos más acá. No tienes un mercado específico, al cual venderle, por lo que experimentas con diversos libros en distintas áreas.

Lo que se recomienda, actualmente, y lo que particularmente, yo aconsejo, es que, en un inicio, está bien si usas The Shotgun Approach. Es bueno conocer qué es lo que la gente quiere, debido al impacto que puedes ver en los libros que has publicado, y en los resultados que estos obtengan.

Pero, una vez que, tal y como a mí, te suceda que un libro genera el 80% de tus ingresos, significa que es un buen nicho, para seguir publicando.

Lo que aprendí como estrategia, hace más de 2 años, es lo siguiente:

"Es mejor venderle 100 soluciones a un solo cliente, que vender 1 solución, a 100 clientes distintos."

ENFOQUE – CONSTRUIR UN NEGOCIO

Cuando se trata de construir un negocio que perdure, es vital reconocer la fórmula indicada. Esta se basa en que lo ideal es conocer a nuestro cliente potencial. Es decir, saber qué le interesa, cuáles son sus miedos, qué le motiva, cuál es su situación actual, en qué piensa o qué le preocupa, etc.

Este, sin duda, es el atajo para crear un negocio exitoso. Nadie existe que solo tenga un solo problema. Nadie. Todos tenemos distintas situaciones adversas, y cuando leo un libro de cierto autor, y me gusta cómo resuelve uno de mis problemas, con gusto voy a buscar más material de dicho autor, porque ya sé a quién le estoy comprando. En otras palabras, ya existe confianza, una cualidad fundamental para los negocios perdurables.

Por eso, te invito a tomar estas estrategias, y a pensar como un autor-emprendedor, o como un emprendedor, si no te gusta escribir, o si no lo haces a menudo.

ELIMINAR EL PARADIGMA – PREGUNTAS FRECUENTES

Como te he venido explicando, desde un inicio, quiero que no cometas los mismos errores que yo he cometido, y por eso, es que escribo este capítulo. Para ello, voy a hacer una especie de FAQ o Preguntas Frecuentes, que tal vez podrían darte más valor y conocimiento respecto a las dudas que pudieras tener.

¿Es difícil autopublicar?

La verdad es que no. No es difícil, y una vez que tomas inercia, no hay qué te detenga. En la guía de inicio rápido voy a compartir un poco más acerca de cómo es el proceso para publicar.

¿Cuánto tardará mi libro en publicarse?

Por ejemplo, si ya tuvieras hoy mismo tu libro listo, con la portada, la descripción, y el formato indicado, ahora, solo sería cuestión de autopublicarlo. Eso lo haces en KDP o Kindle Direct Publishing.

Puedes usar tu cuenta actual de Amazon, para iniciar sesión, o puedes crear una nueva, si lo deseas. Solo deberás acceder a https://kdp.amazon.com/es_ES/ para ingresar y comenzar con el proceso de autopublicación.

Después de publicarlo, KDP te indicará que pueden pasar hasta 72 horas para que tu libro se apruebe y quedé en línea (activo). Eso es totalmente normal y hay que tener paciencia. Es probable que tu libro quede publicado mucho antes de las 72 horas, pero, por lo general, cuando un libro es publicado por primera vez, llega a tardar poco más de 24 horas. Me basta decir que Amazon te enviará un email cuando tu libro quede listo para la venta, en línea.

¿Qué pasa si deseo editar mi libro una vez que se ha publicado?

En tu página de KDP de como autor, podrás acceder y modificar la portada, descripción, detalles, y cualquier otra cosa que ocupes, en relación a tu libro. Una vez que modificas, igual debes publicarlo de nuevo, pero, como ya no es la primera vez que lo autopublicas, ahora quedará listo y actualizado, en menos de 24 horas.

Es por eso que debes eliminar el perfeccionismo, en relación a los libros que publiques. No existe el producto perfecto. Conozco a dos amigos, que, desde hace años desean comenzar en el negocio, pero, no lo han hecho, porque tienen miedo a publicar algo que "no está listo", o que "le falta preparación."

Así no funciona esto. Muchas cosas las vas a aprender sobre la marcha. Lo ideal, y lo que yo recomiendo, es comenzar. No te bloquees en el asunto de que tu libro no es perfecto, porque más tiempo va a pasar y no vas a lograr aprender lo que en realidad necesitas para mejorar. Recuerda que, no es lo que pienso yo de mi libro. Es lo que piensan mis clientes. Ellos son los consumidores.

¿Cuánto tiempo tardaré en obtener ganancias?

Si publicas tu libro, ahora, por ejemplo, no pasará mucho tiempo, antes de que comiences a ver algún tipo de movimiento.

Lo más seguro, es que, como tú has hecho el estudio sobre la demanda de tu libro, supongo, no tardarás en obtener ventas. En mi experiencia, he publicado libros, que, en pocas horas, ya generan ventas. Pero, la contraparte, es que también he publicado libros que tardan 2 o 3 días, e incluso una semana, en generar algo.

¿Cómo voy a recibir mis pagos?

Sin importar en qué país te encuentres, necesitarás una cuenta de banco estadounidense para cobrar tus regalías mensuales. La que yo uso, siendo que vivo fuera de Estados Unidos, y que sé que usan gran parte de quienes están en el negocio, es Payoneer. De igual forma, es sencillo obtener tu cuenta.

Lo que hace Payoneer, es proporcionarte los datos de una cuenta bancaria estadounidense. Estos datos, los proporcionan a Kindle Direct Publisher, en los datos de información bancaria, para que te puedan depositar.

Por ejemplo, si estuvieras publicando durante el mes de junio, y generaras, durante ese mes, 100 dólares, recibirás ese depósito a

Payoneer, más o menos 60 días después.

Te lo explico de esta forma. Lo que generes en junio, se cobrará el 29 de agosto, y lo que generes en julio, se cobrará en septiembre, y así sucesivamente, hasta que estés cobrando cada mes.

Cuando el dinero esté en tu cuenta de Payoneer, ahora solo deberás agregar una cuenta de banco de tu país en que radicas, para que te hagan la transferencia de los fondos.

Cabe mencionar que, para poder retirar fondos de Payoneer, este te pide al menos contar con 50 dólares para poder hacer la transacción.

¿Qué es KDP Select o Kindle Unlimited?

Además de las compras de tus libros, Amazon también tiene otra opción para que generes ingresos. Esto es opcional, pero, yo siempre recomendaría que te inscribas a KDP Select, lo cual se te ofrece como opción, una vez que estés publicando tu libro.

Kindle Unlimited es una membresía mensual, que Amazon cobra a los clientes que prefieren, en vez de comprar libros, pagar cada mes, cierta cantidad, para disfrutar de rentar los libros disponibles, para leerlos, y luego devolverlos.

Más o menos, por cada 200 páginas de un libro, esto equivale a 1 dólar, aproximadamente.

Todos mis libros, los tengo incluidos en KDP Select. El 70% de mis ingresos, vienen de compras directas, y el otro 30%, es de las páginas leídas, lo cual, no está nada mal.

Pero, como te digo, esto es opcional. Si tu deseas, que tus clientes, solo accedan a tu libro, pagando el precio del mismo, entonces no te inscribas en KDP Select.

¿A qué precio debo publicar mi libro?

Cuando recién publicas tu libro, es vital que consigas lectores. Y, como aún no tienes reviews, se recomienda que coloques el precio de tu libro en 0.99 centavos de dólar. Desde luego, esto aplica casi cien porciento a nuevos autores que son poco o nada reconocidos.

Aquí, los royalties o las regalías aplicarían de la siguiente forma. Cuando se publica un libro en 0.99 centavos, Amazon se queda con el 70%, y tú con el 30% de las ganancias. Sé que pudiera parecer injusto, sin embargo, recuerda que esto es solo el inicio.

Una vez que comienzas a tener compras, lectores, y reviews, de lo cual hablaremos más en la **Guía de Inicio Rápido**, entonces podrás modificar tu precio a 2.99 dólares, y aquí, tú te quedarías con el 70% de cada venta, y Amazon con el 30%.

Siempre que publiques un libro, y le pongas el precio de 0.99 a 2.98, Amazon ganará el 70%. Cuando ubicas el precio, entre 2.99 y 10 dólares, tú ganarás el 70%. Sin embargo, para libros digitales, lo más común es que se vendan bien de 2.99 a 4.99 dólares.

¿Cuántas páginas debería tener mi libro?

Este es un tema controversial. Por lo que sé, antes, era muy común juzgar un libro por su longitud. 200 o 300 páginas era algo que era respetable, sin embargo, hoy no es el caso.

En el caso del mercado de no ficción, he notado que mis clientes están contentos, si mis libros tienen entre 40 y 100 páginas. No más, y no menos, si es posible. Pero, creo que esto dependerá, en gran parte, del mercado al cual le quieras vender.

Este libro, por ejemplo, no es demasiado extenso, y, la información que contiene, es puntual, sin deseos de que te encuentres con una lectura tediosa o cansada. Lo contrario, como escribí en la introducción, es posible que termines de leer este libro, en una sola tarde, o noche, si lo prefieres, o si cuentas con el tiempo disponible.

Sé de libros, de sólo 20 páginas, que venden bien, y sé de libros, de 100 páginas, que también venden bien. A lo que quiero llegar, es que, no es la cantidad, es el contenido, lo que despertará en tu cliente, el deseo de comprarte más.

El paradigma, de que tu libro debe ser de 200 páginas, para vender bien, es un mito. Quizás en ficción podría aplicar, pero para libros de bajo contenido, o de no ficción, no creo que sea muy necesario.

Así que, la opción es tuya. Algo que puedes hacer, también, para incrementar tu posibilidad de venta, es que, mientras analices la demanda, revises la cantidad de páginas que poseen, al menos 4 a 5 libros escritos sobre el tema, y que actualmente estén vendiéndose en Amazon. Esto te dará una mejor idea de lo que podrías hacer tú, para estar a la par y obtener tu parte del mercado.

¿Tengo que registrar mi libro (derechos de autor)?

Cuando registras tu libro digital, con Amazon, ellos te asignan un ASIN. Este es un número de identificación único. Sí, además, deseas publicar tu libro en versión tapa blanda, o física, Amazon también te proporciona un ISBN, el cual, también se te ofrece de manera gratuita.

Como veo este negocio, como una oportunidad para publicar la mayor cantidad de libros digitales, estoy satisfecho con lo que me ofrece Amazon. Solo tengo que cerciorarme de que lo que estoy publicando es propio, y no material ajeno o que pudiera infringir los derechos de autor.

Pero, ¿Qué pasa si tú eres un autor o autora reconocida mundialmente? Entonces, sí te recomendaría que investigues en tu país, sobre la adquisición de derechos de autor. Como yo te digo, estoy conforme con lo que ofrece Amazon, porque sé, que nadie puede copiar mi material, para publicarlo, porque Amazon lo detecta, y bloquea las cuentas de quienes tratan de publicar contenido que no les pertenece.

En cuanto a este negocio, ¿Cuál es la tendencia actual?

El mercado de libros digitales sigue en crecimiento. Las posibilidades son grandes, pero, lo que se recomienda, es que abarques terreno, y también publiques aquellos libros que vendan bien, en versión tapa blanda o formato físico, y, ¿por qué no? También en audiolibro. Todo esto, a través de Amazon, desde luego.

Sin embargo, la pregunta es directa, ¿Cuál es la tendencia actual? Y mentiría, si no te digo que, hoy por hoy, lo que va a generar bastantes ingresos, es la autopublicación de audiolibros, a través de Audible, de Amazon también.

Debido, a las condiciones actuales, hay más personas que están entrando al mundo del aprendizaje, y lo están haciendo, a través de los audiolibros, ya que, más que ninguna otra herramienta, un audiolibro te permite concentrarte en otras actividades, y no necesitas estar sentado o sentada, detenido(a), enfocando tu total atención a un dispositivo móvil o libro físico.

¿Hay alguna razón por la que Amazon (KDP) podría cerrar mi cuenta?

Sí. Hay varias razones. Una de ellas, es que, como publicador, no tengas cuidado con el material que utilizas al publicar. Por ejemplo, si usas imágenes con derechos de autor, o contenido que es de alguien más, es el camino más seguro a que Amazon te pudiera llamar la atención, y si no haces cambios al respecto, es posible que te inhabilite la cuenta.

La otra razón por la que Amazon puede castigar, es por conseguir reviews o calificaciones falsas.

Como lo vas a ver, en la **Guía de Inicio Rápido**, voy a compartir contigo estrategias para obtener reviews y calificaciones, sin quebrantar las reglas. No vale la pena que pongas en peligro tu cuenta, pidiendo a amigos que te califiquen los libros, o intercambiando reviews con otros autores. Es mucho mejor, buscar y motivar a tus clientes a que ellos te dejen una calificación o review.

¿Cuáles serían los 3 consejos principales que le darías a alguien que recién inicia?

Ve este negocio como a mediano y a largo plazo. Este negocio es real, y las ganancias ilimitadas, sin embargo, al igual que todo negocio, requiere de energía, implementación, y atención, por lo menos en un inicio. Una vez que adquieres el hábito de estar constantemente autopublicando, será cada vez más fácil, usando el menor tiempo posible, mientras, mes con mes, cobras tus regalías.

Comienza ya mismo a interactuar con personas que estén haciendo este negocio. Esto, por lo menos, no lo hice yo, en un principio. No conocía a nadie que hiciera esto, y, por lo tanto, me sentía raro y diferente, lo cual, aunque no es malo, me hacía no ver esta oportunidad como algo real. Por eso, contacta a través de email, Facebook, YouTube, y otras redes sociales, a hombres o mujeres que ya sean autopublicadores. Con este principio, queremos acercarnos a la idea de que, realmente, nos convertimos en las 5 personas con las que convivimos diariamente.

Publica, publica, publica, y repite el proceso. No hay pierde, en cuanto a lo que deberás hacer con este negocio. La rapidez de la ganancia, la obtendrás con la rapidez de tu publicación. Conozco a personas que publican semanalmente, y estas son las personas que más velozmente se despegan de aquellos que solo publican una vez al mes, o una vez cada dos meses.

Espero haber contestado a algunas preguntas. En la Guía de Inicio Rápido también podré dar solución a algunas dudas, que quizás podrías tener.

Mi objetivo sigue siendo el mismo. Quiero que, al terminar de leer este libro, tengas las herramientas, la mentalidad, y el entusiasmo por comenzar. Nada más me dará más gusto que, saber, que ahora estás listo para iniciar.

GIR – GUÍA DE INICIO RÁPIDO

Ahora sí, hemos llegado a la **GIR: Guía de Inicio Rápido**. Incluí una **GIR**, porque yo mismo sé que debo tener una, que constantemente, me esté recordando el proceso de 10 pasos que debo estar siguiendo, para publicar libros a menudo. Recuérdalo, voy a ser insistente, porque la clave del negocio consiste en **publicar, publicar, y duplicar el proceso**, hasta que el dinero no sea un verdadero problema en tu vida.

Voy a incluir los pasos más importantes, sin embargo, no te detengas con lo que aprenderás aquí. Como te he aconsejado, es vital que te rodees, aunque sea, solo de manera virtual, con diversos autopublicadores y autores que ya están adentrados en el negocio. Pregunta, averigua, investiga, y siente la realidad de la oportunidad que tienes disponible.

En esta ocasión no incluiré una guía paso a paso sobre cómo obtener tu cuenta de Kindle Direct Publishing, ya que, como ya te he mencionado, podrás utilizar tu cuenta normal de Amazon, para configurarla, e iniciar. Vamos a analizar, paso a paso, los detalles que tienes que cuidar, desde cero, hasta que tu libro esté en línea, listo para generar ventas, reviews, y tracción positiva. Así que, comencemos.

1. ¿QUÉ PUBLICAR? ANALIZAR LA DEMANDA

Lo primero, insisto, es hacer la tarea. Debes hacer una búsqueda, de unas pocas horas, o días, según necesites, en la cual, detectes qué es algún tema, solución, o libro, que se esté promoviendo, vendiendo, o generando la atención de la gente.

Sin lugar a dudas, yo supe, exactamente, que debía crear un libro sobre autopublicación, porque, para mí, no era normal, que, en tan solo 2 semanas, recibiera contacto, por parte varias personas, preguntándome sobre el tema de escribir y publicar libros. Noté que había interés, y no dudé en hacer la prueba.

De ahora en adelante, si alguien tiene alguna duda, me contacta, entonces, por lo menos ya tengo un libro escrito que puedo ofrecerle.

Así funciona esto de la demanda. Puedes ingresar a Amazon.com, e, igualmente, buscar en las categorías de los libros más vendidos. Puedes ver libros en inglés o en español, según tus intereses.

De ahora en adelante, debes pensar en "palabras clave". Por favor, graba eso. Muchos autores, al iniciar en este negocio, piensan para sí mismos. Quizás, sacan un pedazo de papel, y se ponen a escribir 10 títulos que suenan interesantes, pero, esto, desde su propia perspectiva.

Si vas a hacer esto, por favor, primero haz una búsqueda sobre el tema que deseas escribir.

Amazon es un gran buscador, y, sin duda, podrás encontrar lo que la gente está tecleando, si analizas las palabras clave, sobre el nicho que estás por desarrollar.

Como medida de práctica, me gustaría hacer el ejercicio, para que tú mismo hagas la búsqueda, cuando comiences a desarrollar tu idea.

Primero, abrimos una página, en el navegador, y vamos a amazon.com. Luego, nos vamos a la barra de búsqueda, y seleccionamos, en la opción de categoría: Kindle Store o Tienda Kindle.

Luego, imaginemos que deseamos escribir un libro sobre "cómo vencer el miedo". Ese es solo un ejemplo, desde luego, pero veamos, si escribo en la barra de búsqueda "como vencer...", ¿qué es lo que aparecerá, que las personas están buscando a parte de "vencer el miedo"?

Yo lo he hecho en este momento y las frases que aparecen son: "cómo vencer la ansiedad, cómo vencer las preocupaciones, cómo vencer la inconstancia, etc."

Todas esas frases son búsquedas que la gente hace, casi todos los días. La de arriba lee "como vencer el miedo", por lo que, podemos suponer, que sí hay alguna demanda en cuanto al tema. Pero, la búsqueda no termina aquí.

Ahora, debes darle click a "Cómo vencer el miedo", y debes analizar los distintos libros escritos sobre el tema.

Una vez hecho esto, debes analizar las portadas, y deberás abrir los libros, uno a uno. Por lo menos 5 libros, sobre el tema, y navega en los detalles.

Hay varias cosas que puedes analizar. Por ejemplo, el número de páginas, la clasificación en los más vendidos de Amazon, las categorías y su posición actualizada, y muy importante, puedes leer las reviews o comentarios de clientes que ya han adquirido el libro, tanto positivos como negativos.

En cuanto a la clasificación de los más vendidos de Amazon, si el número de rango está dentro de los 100,000, quiere decir que el libro está generando ingresos o ventas diarias. Son cosas a notar.

Así que, si has investigado, al menos, 5 libros sobre ese tema que te interesa, y 3 de los 5 libros, están en el rango de 100,000 de los más vendidos, entonces, podemos intuir que es un nicho con demanda.

Al pensar como emprendedor, cada vez te darás cuenta de que no vale la pena invertir tiempo y recursos en escribir y publicar un libro que no tiene demanda, pero esto es algo que aprenderás en el proceso. No obstante, como ya te he mencionado, eres libre para hacer este negocio como tú lo desees. De hecho, si te gustan las ventas o vender a través de las redes sociales, no hay dudas en que podrás generar clientes constantes para tus libros y proyectos.

Esto no es nada de otro mundo, pero sí requerirá de práctica y consistencia, para que, entre más conozcas el proceso, más rápido y mejor te vuelvas a la hora de seleccionar nichos y palabras clave que vendan.

En cuanto a las reviews o calificaciones, es bueno que indagues, tanto en las positivas, como en las negativas. Aprender de ambos clientes, tanto del satisfecho como del insatisfecho, te dará herramientas para saber cómo hacer un libro mejor y de mayor calidad.

Te aconsejo que hagas la práctica. Inicia. Date el tiempo de pensar y escribir sobre algunos temas, sobre los cuales, podrías escribir.

Entonces, entra a Amazon.com, y **realiza la tarea**. Teclea el tema, analiza qué palabras clave utiliza la gente al hacer sus búsquedas, y analiza la información de al menos 5 libros. Hay cosas que aprender que sólo la práctica te dará. Hazlo.

2. EL TÍTULO Y SUBTÍTULO – USAR PALABRAS CLAVE

Para que nuestro título llame la atención, es bueno que utilicemos palabras clave. Palabras clave, significa colocar lo que la gente está buscando, en la portada de nuestro libro. De esta forma, las personas no van a divagar, a la hora de ver nuestro libro. Ellos necesitan saber, en fracción de segundo, si ese es un libro que valga la pena la atención.

Por ejemplo, en el ejercicio anterior, como pudiste notar, la palabra o frase clave, que aparece en el buscador de Amazon, con respecto al miedo, es "Cómo vencer el miedo", y, el libro más vendido, y primero de la lista, según la búsqueda, se llama exactamente igual que la palabra clave.

El autor podría haber buscado un título más especial, o que sonara mejor, sin embargo, nuestra meta es vender, y para vender, debemos ofrecer aquello que la gente esté buscando, no lo que nosotros pensamos que suena bien o mejor.

Recuérdalo, no es lo que yo piense, es lo que la gente está buscando, lo que va a adquirir.

En cuanto al subtítulo, es vital, de igual manera, que utilices otras palabras clave, relacionadas al nicho o mercado, al cual le quieres vender. Es como ofrecer distintas soluciones, dentro de una misma solución.

3. ESCRIBIR

Dedica tiempo a escribir tu contenido. Aquí no te voy a dar pasos o instrucciones generales, solo te ayudo a tener una idea de lo que podría, tal vez, funcionarte. Hay personas que escriben bastante, un día a la semana, o hay también, personas que disfrutan de escribir, durante una hora, todos los días. Esto depende, particularmente, de ti. Haz lo que mejor te funcione y practica siempre que tengas tiempo.

Actualmente contamos con diversas herramientas, como Documentos de Google. Es decir, tenemos la opción gratuita y completa de manejar un procesador de documentos, desde cualquier dispositivo electrónico.

Además, algo que quizás te sirva, es que este procesador tiene una opción bastante particular, que puede facilitar enormemente el proceso para escribir y avanzar con tu libro. Esta función es la de dictar por voz.

Si ya te encuentras en un documento nuevo abierto, en la sección de Documentos de Google, solo debes dirigirte arriba, a donde dice "Herramientas" y le das click ahí para buscar la opción que dice "Dictado por voz". Le das click a esa opción y ahora podrás seleccionar el idioma en el cual tú vas a dictar, para que el procesador se encargue de convertir a texto lo que estás dictando en tiempo real. Cabe señalar, como ya intuyes, que esta opción solo funcionará con una conexión a internet estable.

Si optas por aprender y usar esta herramienta de Dictado por voz, asegúrate de revisar el texto. Yo lo acabo de usar en este mismo momento, y he colocado los puntos y comas correspondientes, para que el texto tenga congruencia.

¿El contenido importa? Desde luego que sí. El buen contenido consigue más y más clientes. Sin embargo, te lo diré, tal y como yo lo aprendí. Para conseguir ventas, lo principal, es un buen título y subtítulo (con palabras clave con demanda), y una bonita portada.

La mayoría de quienes compran libros, simplemente se dejan guiar por la portada y por el título, y compran impulsivamente, porque sienten motivación. No obstante, es probable que un 80% de esos compradores, no abrirán el libro, o pasarán de la introducción del mismo, para probar el contenido.

Recuerda que comprar es algo que, a los seres humanos, nos gusta hacer. Algunas personas se sienten bien cuando leen libros, otros más, se sienten de maravilla, solo por saber que invierten en sí mismos.

4. DELEGAR

Si en vez de escribir, vas a delegar o comprar el trabajo (libro), ingresa a Google y comienza a buscar opciones para delegar o comprar un libro, en el tema que ya has investigado, y que sabes que podría tener éxito.

Puedes teclear Workana, por ejemplo. Ese es un sitio web en el cual hay freelancers que podrán conocer tu proyecto y seguir tus instrucciones, para luego redactar el libro. O, puedes ingresar a Facebook, y en la barra de búsqueda, teclear "escritores fantasmas". Luego, ve las opciones y los diversos grupos que hay disponibles. Añádete a varios, comenta, conoce, platica. Es importante que sepas exactamente lo que estás buscando y que estés interactuando con personas serias que realmente hagan bien su trabajo.

Tienes que pasar por este proceso. Busca recomendaciones, no te detengas con la primera o segunda opción. Analiza a varios candidatos, y escoge al mejor.

Cuando vas a contratar a un escritor fantasma, realiza un temario, para entregárselo, a fin de que este sepa exactamente, el trabajo que debe realizar.

Como puntos a seguir, te dejo este temario, para que te des una idea, y para que tu escritor fantasma obtenga los detalles necesarios. Las respuestas, son solo ejemplos de acuerdo al tema, antes buscado en Amazon.

TEMARIO

Título:
Una guía definitiva para vencer la timidez
Subtítulo:
¡Cómo eliminar la timidez, vencer tus bloqueos, y vivir la vida siendo

totalmente libre!

Público objetivo:
Edad: 20-40 años **Sexo:** ambos
Intereses: cómo eliminar la timidez, bloqueos mentales, bloqueos emocionales, cómo vencer la ansiedad, cómo vencer el miedo, cómo superar la timidez

Tonalidad:
Neutral / Conversacional
Principalmente informal y conversacional.

Problema principal:
Hombres y mujeres, entre edad adulta, que no logran vivir de manera feliz, debido a que presentan timidez excesiva, y falta de autoestima.

Problemas secundarios:
Sienten que su problema de ansiedad afecta sus relaciones interpersonales.
Se sienten inadecuados y batallan para conseguir o permanecer en un empleo formal.
a....
b....
c....

Contenido sugerido para citar y seguir:
Asegúrese de utilizar citas relevantes para todo lo que se indica en el documento. Algunos sitios que le recomiendo seguir son:
www.detimidoaatractivo.com
www…
www…

Misceláneo:
Utilice estudios de casos o historias para ilustrar sus puntos en cada capítulo.

Las respuestas las acabo de inventar yo, sin embargo, como puedes ver, la idea se convierte en algo específico y el proyecto toma un rumbo luego de que defines bien tu mercado, título, subtítulo, y la forma del contenido.

Cabe mencionar que yo no me adjudico a mí mismo ser el creador de las herramientas que comparto en este libro. Como te he mencionado, solo comparto lo que he aprendido, ya sea, de cursos, libros, y, principalmente, mentores y otros amigos que están en este mismo negocio.

NOTA IMPORTANTE

Sea cual sea tu método para la creación del libro, verifica que, ya sea tú, o alguien más, revise la ortografía. Los detalles cuentan, así que no omitas este paso tan importante. Es común que se pasen dos o tres errores, pero, lo que no debemos dejar pasar, es un documento que no tiene congruencia, y que tiene errores ortográficos en cada párrafo.

5. PORTADAS QUE VENDEN

Un buen amigo me dijo, una vez, que toda obra que se vende bien, debe tener una buena portada y una buena descripción. La mayoría de las personas que compran un libro, lo hacen porque la portada es llamativa, o porque la descripción es persuasiva. De ahí en fuera existe la alta probabilidad de que nunca abran el libro.

Entonces, desde ese momento, tomé ese consejo, y dejé, yo mismo, de crear mis portadas. Yo no soy diseñador, pero me considero algo creativo. Es por eso que, al inicio, para ahorrar dinero, yo mismo creaba mis portadas. Sin embargo, eran de muy mala calidad y no usaba las herramientas adecuadas.

Cuando me di cuenta de cuán vital era hacer portadas geniales, no dudé en buscar a algún diseñador con el fin de comprarle sus servicios. Por sólo 10 dólares comencé a tener portadas mejores.

Esto, sin duda, fue de provecho, puesto que, en menos de una semana, las ventas de mis libros comenzaron a incrementarse en un 30%.

Es por eso, que, sin la menor de las dudas, te invito a buscar a diseñadores. Créeme, hay quienes hacen un excelente trabajo, y, aparte, cobran muy poco por hacerlo.

Las características de una buena portada, son:

- Calidad. Alta resolución
- Imágenes que no infrinjan derechos de autor
- Contener título, subtítulo, autor, en letras legibles y que no se pierdan en un fondo de color similar.
- Buscar ser sencillo, pero llamativo.

Por ejemplo, te comparto la portada de mi libro Cómo Vender sin Vender, la cual, yo mismo había creado, hace 1 año. Luego, te comparto la portada que mandé a diseñar, por alguien que tiene el conocimiento sobre el tema, lo cual, como menciono, hizo que mi libro aumentara en ventas, en un 30%, dentro de la primera semana de prueba.

6. DESCRIPCIÓN QUE ENGANCHA

La descripción es un paso que no podemos dejar pasar. En la descripción, lo que hacemos, es decirle a nuestro cliente por qué debe comprar nuestro libro. Asegúrate de usar bullet points, donde menciones algunas de las razones o beneficios que obtendrá tu cliente, al adquirir tu libro.

Capítulos atrás, te mencioné que, después de estar, al menos 4 meses en el negocio, invertí en un curso de autopublicación. En este curso, aprendí a utilizar un poco de lenguaje HTML, con el fin de poder hacer más atractivas las descripciones.

Si fueras a escribir tu descripción, sin ninguna modificación HTML, lo que sucederá, es que el texto será demasiado sencillo, es decir, sin opción de letras o palabras negritas, cursivas, subrayado, o títulos y subtítulos con tamaños más grandes.

Sin embargo, gracias a utilizar un texto con lenguaje HTML, puedes modificar el contenido de la descripción, a fin de que este sea más atractivo a la vista del cliente o lector.

NOTA: En el momento que estoy editando este libro, 2024, las opciones que ofrece Kindle Direct Publishing son más atractivas a la hora de editar la descripción de nuestro libro, directamente desde la página de detalles del libro. Por lo que ahora la utilización de HTML es opcional y ya no será muy necesario como lo fue años atrás.

En mi libro, Cómo Vender sin Vender, utilicé, por primera vez, el texto HTML, y vaya que hizo la diferencia. A continuación, te muestro los códigos que he utilizado. Si es que no sabes de programación, al igual que yo, con un poco de práctica podrás dominarlo sin mayor problema.

LENGUAJE HTML

- Heading 1 o Título 1, solo agrega <h1> al principio de la palabra o frase, y coloca </h1> al finalizar. Por ejemplo, si quiero que el título: "Vence el Miedo", se vea grande y llamativo, quedaría de la siguiente forma: <h1>Vence el Miedo</h1>
- Para el Heading 2 o Título 2, que es un texto un poco más pequeño que el H1, deberás escribir el texto deseado, entre los códigos <h2>TU TEXTO</h2>
- Para resaltar tu el texto, con letras Negritas o Bold, solo deberás escribir tu texto, entre los códigos TU TEXTO
- Para citar una frase o usar letras cursivas, escribe tu texto dentro del código <i>TU TEXTO</i>
- Para subrayar alguna nota o cita, solo debes colocar tu texto entre el código <u>TU TEXTO</u>
- Si deseas usar bullet points, yo uso el procesador Word, para escribir mi descripción ahí, para luego copiarla y pegarla en el espacio proporcionado por Amazon, a la hora de preparar la publicación de mis libros. Simplemente escribe los bullet points, que decidas usar, y luego, automáticamente, estos serán reconocidos, sin ningún problema, como muestro en la imagen, a continuación.

dp/B0T4VG76QQ

Estoy seguro que este Libro será de tu Beneficio Si:

✓ Estas decidido(a) a comenzar tu camino como emprendedor(a)

✓ Has comenzado en el camino de los negocios, pero sientes que aún no has logrado todo tu potencial

✓ Deseas aprender cómo ser un emprendedor(a) exitoso(a)

✓ Deseas aprender la habilidad #1 de todo emprendedor: LAS VENTAS

✓ Deseas tener una idea clara de lo que significa emprender, y el tiempo que tomará para lograr ver resultados

✓ Y Mucho Más...

Repito. Mi Mayor Objetivo es Añadirte Valor. Realmente apuesto todo a que tú puedes emprender tu propio negocio y tener éxito.

Ejemplo de descripción de mi libro "Cómo vender sin vender"

Como ya te lo he indicado, este es un camino de aprendizaje. **Siempre replica lo que te funcione.**

En cuanto a la descripción, otra cosa que he aprendido, es a volver a utilizar palabras clave, al finalizarla, si es necesario, en letras pequeñas. Por ejemplo, en cada uno de mis libros, incluyendo este, vas a encontrar palabras clave, con el fin de que, Amazon las detecte, cada vez que los clientes las busquen, y que mi libro pueda rankear cada vez más alto en la lista de búsqueda.

De nuevo, esto no es algo que yo haya inventado. Es algo que aprendí en uno de los primeros cursos de autopublicación que compré.

Por ejemplo, esta es la lista de Keywords o Palabras Clave, que añadí al finalizar mi descripción, en mi libro Cómo Vender sin Vender:

PALABRAS CLAVE: VENTAS, NEGOCIOS, EMPRENDER, EMPRENDEDORES, DINERO, EXITO, METAS, CLIENTES, LIDERAZGO, NEGOCIAR, PERSUADIR, CARRERA, PROFESIÓN, EMPRESARIO, SECRETOS, CÓMO VENDER, TECNICAS PARA VENDER, VENDER MÁS, VENDEDOR, EL MEJOR VENDEDOR, VENDER SIN VENDER, SALES

Como puedes ver, la palabra o conjunto clave: CÓMO VENDER, está agregado a la lista, y cuando abro, por ejemplo, amazon.com, y en el recuadro de búsqueda escribo "como vender", le doy en buscar, y el libro que aparece hasta arriba, es el mío, aún por arriba de otros libros que son mucho más famosos o escritos por autores más reconocidos.

Es por eso, que te invito a hacer lo mismo. Coloca palabras clave, siempre que puedas, en diferentes partes de tu libro, a fin de que Amazon lo identifique fácilmente cuando los clientes hagan búsquedas de libros e información.

CATEGORÍAS

Antes de autopublicar, te aconsejo que tengas en mente en qué 2 o 3 categorías vas a publicar tu libro. Recuerda que todo es modificable, sin embargo, al estudiar tu mercado o nicho, y analizar al menos 5 libros escritos sobre el tema de interés, vas a saber en qué nichos han publicado otros autores, y podrás saber, de antemano, qué 2 o 3 categorías escoger.

También recuerda que, al momento de estar publicando el libro, podrás analizar diferentes categorías, y podrás darte una idea de todas las opciones que tienes para elegir.

Si es posible, trata de que tu libro no quede dentro de categorías que son muy generales, trata de ir más allá y encontrar subcategorías que puedan llegar a lectores específicos que están buscando esa información que tú compartes en tu libro.

7. PUBLICACIÓN

Debido a que, Amazon, podría actualizar la forma de autopublicar, en cualquier momento, no incluyo, imagen a imagen, una descripción exacta sobre cómo autopublicar tu libro.

Videotutoriales, hay por decenas, en YouTube, y yo te recomiendo que cuando estés listo, con tu libro, portada, y descripción, sigas, paso a paso, un tutorial actualizado.

Solo ingresa a YouTube, y busca: *"Cómo publicar un libro en Amazon KDP"*, y elige la opción que desees, y, más específico, trata de que el video sea reciente.

Recuerda que, existe flexibilidad. Todo. Absolutamente todo lo que se publica, se puede editar, según lo consideres necesario. No es necesario que experimentes rigidez en cuanto a este proceso.

8. PRECIO Y PROMOCIÓN GRATUITA

Coloca, primero que nada, tu ebook, en 0.99 centavos de dólar, como te indiqué en un principio.

Ahora, dale espacio a tu ebook, por lo menos un día. No te preocupes, si, en un inicio no hay movimientos. Es normal.

Después de uno o dos días, ingresa a Kindle Direct Publishing, y da click en el botón de "Promocionar y anunciar".

Lo que haremos es poner tu libro en promoción gratuita durante unos días. Esto, lo podrás hacer, porque, cuando publicaste tu libro, has seleccionado enrolar tu libro en KDP Select. Selecciona la opción de "Promoción de libro gratuito", y selecciona el rango de días en que deseas que tu libro esté gratis en la tienda Kindle de Amazon.

Cada 90 días, podrás acceder a esta oportunidad, de poner tu libro en promoción gratuita, durante 1 a 5 días, según decidas, a fin de que logres llegar a más clientes, por lo menos, en un principio, que no es muy reconocido, y que no posee reviews o calificaciones.

Muchos autores temen poner su libro gratuito, sin embargo, considero que es vital, para que tu libro genere tracción, y para que tengas más probabilidad de que los nuevos lectores te dejen calificaciones lo más pronto posible. De nuevo, espero ser claro y objetivo. Esta opción de libro gratuito aplica solo para autores nuevos que no tienen o no hemos tenido demasiada presencia en internet o medios de comunicación. Si fuera tu caso de que tú mismo tienes un canal de YouTube o de cualquier red social con con varios miles de seguidores, te recomendaría que, de primera instancia, no hagas promoción gratuita de tu libro. Primero haz el lanzamiento de tu libro para que tus seguidores lo compren, porque ya te conocen y te siguen debido a que confían en tu contenido.

A la hora de hacer una promoción gratuita, es importante que tu libro esté a un precio normal de al menos $2.99, ya que, entre mejor crea la gente que es la rebaja, mayor será su motivación para descargar el libro de forma gratuita.

En cuanto a la promoción gratuita. Selecciona poner tu libro gratuito, dos o tres días, para probar. Después de una o dos semanas, utiliza los otros dos días disponibles, y vuelve a ponerlo gratis, para que siga subiendo de ranking, según comiencen a aparecer las primeras calificaciones de clientes reales.

Una vez que la promoción gratuita haya terminado, vuelve a ingresar a tu cuenta KDP, y coloca el precio de tu libro en 0.99 Centavos, de nuevo.

Después de unos días, o semanas, como mucho, y veas que tu libro logra tener ventas en ese precio, entonces, aumenta el precio a 1.99, y así sucesivamente, hasta llegar a 2.99 dólares, donde podrás, al fin, recibir el 70% de las regalías.

Desde luego, estoy compartiendo esto que a mí me ha funcionado. En tu caso, depende de lo que suceda con tu libro y la tracción positiva que genere, tú sabrás en qué precio dejar tu libro y cada cuándo hacer una promoción gratuita. Esto es opcional.

9. REVIEWS Y CALIFICACIONES

Todo lo que te estoy enseñando yo mismo lo he aplicado, decenas de veces, e, inclusive, lo he estado haciendo, en este libro. Si estás leyendo estas palabras, es porque algo te llamó la atención, y, ahora, sigues aprendiendo técnicas que te pueden funcionar.

Por ejemplo, algo que yo hago, en cada introducción, es llamar a la acción a mis clientes. Les pido, de manera atenta, que me dejen un review o calificación, en la página de Amazon, donde lo adquirieron. También, como viste, dejé mi email de contacto, principal, a fin de generar un poco de empatía, ya que, en realidad, y de manera 100% honesta, siempre respondo a los emails de mis lectores.

Cuando un lector me escribe, le vuelvo a pedir, de manera atenta, que califique mi libro. De esta forma, he logrado cientos de calificaciones, para mis libros, sin quebrantar reglas, ni intercambiar reviews con otros autores.

Que tu libro consiga, al menos, entre 5 y 10 reviews positivas, lo antes posible, es vital, para que se posicione como un libro digno de atención. Es por eso que, de forma atenta, te invito a que siempre les pidas a tus clientes o lectores, que te dejen una calificación.

Por lo general, yo siempre lo hago, al iniciar y terminar con mis libros. Soy honesto. No pido más ni menos. Sé que muchos, tal vez omitan ese favor, pero hay clientes que, sin duda, se tomarán un minuto, y te calificarán.

De alguna manera, busco la forma de añadir valor, y esto, ha sido un factor determinante, para que mis lectores busquen contactarme, directo a mi email. De ahí que, una vez que me contactan, agradezco que me califiquen, o que me sigan en alguna red social.

Esto es algo que me ha funcionado, sin embargo, si tú sabes de otras técnicas o herramientas que funcionen, excelente.

REVIEWS NEGATIVOS

En un inicio, es bueno que comprendas que, no importa qué tan bueno sea tu libro, habrá aquellos que no verán el valor. No lo sé, solo sé consciente de que sucede, la mayor parte del tiempo.

Sinceramente, espero que tengas un carácter determinado y confianza en ti mismo(a). Al iniciar, yo adolecía de estas características. Cada vez que recibía un review negativo, era como recibir un balde con agua fría.

Confieso que, cuando comencé, aunque tenía miedo, sabía que la oportunidad podría ser real. Así que me atreví, y publiqué mi libro: Lectura Rápida e Inteligente.

Después de varias semanas, pude notar que, la mayor parte de las descargas, de mi libro, eran de países como España y

Estados Unidos. Sabiendo, de antemano, que estos países tienen un nivel lector, por arriba de mi país, México, tuve temor de ser calificado negativamente.

Sin embargo, sucedió lo que no esperaba. La primera calificación, y más baja que pudiera obtener, la recibí de un mexicano, y, no solamente calificó negativamente mi libro, sino que, además, lo criticó rotundamente.

Al estar totalmente apegado al resultado, y adoleciendo de fuerza emocional, decidí bajar el libro. Simplemente, sentí que esto no era para mí, y me negué a continuar, ya que pensaba que nadie más compraría mi libro teniendo una calificación tan baja y negativa.

Tiempo después, al comprender que esto pasa, hagamos lo que hagamos, decidí, de nuevo, publicar el libro. Ahora, cuenta con cientas de reviews positivas, y muy pocas negativas, y, la verdad, sé que esto es parte de cualquier negocio. No se puede agradar a todo el mundo, y estoy totalmente bien con eso. De hecho, actualmente, hablando del año 2024, Lectura Rápida e Inteligente sigue vendiendo copias diariamente.

Te platico esto, debido a que no quiero que tú te detengas. Aprende de mi experiencia y sigue adelante, insistiendo, y no permitas que este tipo de obstáculos, bloqueen tu éxito personal, en el negocio digital de la autopublicación.

10. DUPLICA EL MODELO

Entonces, cómo has visto, concentrarte en los pasos anteriores, una y otra vez, es lo que te dará una absoluta certeza, de que podrás triunfar en este negocio, sin importar tus circunstancias actuales.

Ejecución e implementación inmediata, con enfoque sostenido, es lo único que puede garantizarte el éxito.

Sé que, aun después de los temas vistos, puedes tener dudas. Lo sé, y eso está bien. Quiero que tomes acción, y sigas indagando, cuestionando, y buscando la información que necesites. Conecta con otros autores o publicadores. Eso es algo que no dejaré de recomendar.

Si lo consideras necesario, envíame un email, y platicamos sobre tus dudas o comentarios. Estoy para servirte en manueldelacruzescalante@gmail.com. Recuerda que siempre respondo, sin pretextos ni excusas.

Y, recuerda, la fórmula es:

PUBLICAR, PUBLICAR, PUBLICAR, Y DUPLICAR EL PROCESO, HASTA QUE EL DINERO NO SEA UN PROBLEMA EN TU VIDA.

PALABRAS FINALES Y CONTACTO

Autopublicar, es para mí, un símbolo de libertad. Este negocio, lo puedo llevar, prácticamente, desde cualquier parte. Amazon lo hace posible, y, como he dicho antes, las posibilidades son ilimitadas.

Lo mejor de todo, es que, esto sigue en crecimiento. Hoy es el momento para iniciar, y no dejes que la voz de la duda o del pesimismo apaguen esa luz que, dentro de ti, sabe que puedes hacer esto.

Voy a concluir dándote el mismo consejo, con el que inicié. No te conformes. Comparte más valor con el mundo, y este te lo recompensará. Sé que el mundo necesita eso que tú tienes. Solo comparte y sigue compartiendo.

Eleva el estándar. No mires hacia las migajas, sino que mira, en lo profundo del lago, y ábrete camino con tu valor.

Una vez más, me dará mucho gusto escuchar de ti, y sabes que estoy dispuesto a ayudarte, con cualquier duda que tengas.

Si este libro, en algo te ha podido preparar o aportar, no dudes en calificarlo. Será de gran ayuda para los lectores que, al igual que tú, están buscando información valiosa, respecto al tema de la autopublicación.

CONTACTO

Como sabes, he dejado mi email personal a lo largo de este libro. Como llevo varios años haciendo esto de autopublicar, lo cual, sin lugar a dudas, es algo que me apasiona, comúnmente me pasa que algunas personas me hacen preguntas generales sobre este tema. Y eso está bien. Lo más seguro es que me tome de dos a tres minutos el responder a algún email con alguna duda. Y estoy abierto a ello. Por lo tanto, no dudes en contactarme si lo requieres.

Sin embargo, sé que si se lleva a la autopublicación, al día a día, momento a momento, es donde es probable que surjan dudas, opciones, o inconvenientes que resolver. Es por eso y por lo único que yo brindo asesorías personalizadas. Es accesible, pero no es para cualquier persona y de hecho, es muy limitado por mi tiempo. Sin embargo, si eres alguien que desea obtener respuestas muy específicas en cuanto a los nichos, negocio, Amazon KDP, Audible, o sobre el tipo de libros sobre los cuales deseas autopublicar, hazme saber por medio de un email que te interesa saber más sobre las asesorías, y con gusto te responderé.

manueldelacruzescalante@gmail.com

Gracias por tu tiempo. Un abrazo desde México.

Manuel de la Cruz
@manueldelacruze
Redes sociales

ACERCA DEL AUTOR

Manuel de la Cruz Escalante vive en Chihuahua, México, junto con su esposa Rebeca Madai y sus tres hijos: Luis, Victoria, y Sara. Aunque su serie de libros "Cómo vender sin vender" ha sido su mayor éxito en la autopublicación, él es autor de varios libros más, como El Arte Eficaz de No tomarte Nada Personal, Tu Felicidad Vende, El Genio de la Productividad, Obligado a Emprender, y Lectura Rápida e Inteligente.

Sus grandes pasiones son aprender, escribir, compartir, y ayudar a otros autores a tener un negocio digital de autopublicación rentable en Amazon.

Cualquier cosa que ha significado valor en su vida, lo da a los demás. Esa es su misión y nada le produce más gozo que saber que lo que comparte ayuda a miles de lectores en todo el mundo.

Puedes contactar a Manuel a su email personal que has encontrado a lo largo de este libro: manueldelacruzescalante@gmail.com.

Tal y como lo hace desde hace años, siempre revisa y responde personalmente los emails de sus lectores.

Siempre recuerda que el éxito no es hacer un millón de cosas. Antes bien, es repetir unas 6 o 7 cosas, un millón de veces. La constancia es la clave.

OTROS LIBROS POR MANUEL DE LA CRUZ

El Arte Eficaz de No Tomarte Nada Personal

Cómo Vender sin Vender, Los 5 Libros de la Serie

Storytime: Multinivel sin Filtros

Cómo Vender sin Vender: 7 Secretos para Vivir de las Ventas, y no Morir en el Intento

Lecciones de Cómo Vender sin Vender: 30 lecciones de liderazgo, negocios, y ventas que me enseñó mi mentor, y que no mencioné en el primer libro

Cómo Vender sin Vender en Internet: 7 Principios No Negociables para Ganar en los Negocios Online, Aún en Tiempos de Crisis

Cómo Vender sin Vender, Reto 60

TU FELICIDAD VENDE: 7 Pasos para atraer mejores clientes, socios, y oportunidades de oro

Como Vender sin Vender: PERSUASIÓN, Los 7 Secretos

Obligado a Emprender: Oro Molido Para Convertirte en un Emprendedor Exitoso, sin Importar tus Circunstancias

APRENDIZAJE VÍA OSMOSIS: El Método Comprobado y Rápido Para Progresar, Vivir Tus Sueños, y Alcanzar Tu Potencial

El Genio de la Productividad: Guía de Pasos Sencillos para Ser, Hacer, y Tener, Todo lo que Desees

LECTURA RÁPIDA E INTELIGENTE: Leer Más, en Menos Tiempo, Hecho Sencillo

Destruye tu Miedo: 7 Herramientas Efectivas para Hablar en Público con Entusiasmo, Valor, y Confianza

7 Hábitos, 50 Principios: Enseñando y Practicando los Hábitos de Efectividad, en la Escuela y en el Hogar

MÁS DINERO, MÁS OPCIONES: 7 Cosas que el Dinero Puede Comprar, y una Guía Rápida para Desarrollar una Mentalidad Ambiciosa

LIDERAZGO SIN LÍMITES: 5 Principios de Éxito para Desarrollar tus Fortalezas, Aumentar tu Influencia, y Dirigir tu Vida

El Éxito No Tiene Pies: Descubre tu amor interior, y transforma tu mundo

ESCRIBE, PUBLICA Y VENDE

www.ingramcontent.com/pod-product-compliance
Lightning Source LLC
Chambersburg PA
CBHW071958210526
45479CB00003B/982